1.

Voici l'histoire de Judith, qu'on nomme aussi « La Triste », et de son père, le Roi du Pays des Sept Collines.

Dans le Pays des Sept Collines vivaient un Roi et sa fille, Judith-la-Triste. On disait que le Roi l'aimait au-dessus de tout et qu'il était prêt à faire n'importe quoi pour la rendre heureuse.

Il disait l'aimer bien plus
qu'il ne s'aimait lui-même.

Au maître de musique de la cour, il avait fait composer une Ode à Judith, chanson en mille vers racontant comment la Reine mourut après la naissance de Judith, à quel point il s'occupait bien de sa fille, combien il lui offrait de cadeaux et se sacrifiait pour elle.

L'interminable chanson résonnait entre les murs du château à chaque anniversaire de Judith, chaque jour férié et chaque jeudi à midi.

Ainsi avaient passé les années.

De nombreux serviteurs, tremblant sous la férule du Roi, s'étaient d'abord relayés au berceau de Judith, puis, quand elle avait grandi, lui avaient enseigné tout ce que le Roi décidait, car il décidait de tout.

Judith n'avait pas le droit de sortir de l'enceinte du château car elle aurait pu se blesser. Regarder par une fenêtre lui était interdit car elle aurait pu voir des choses horribles et être malheureuse.

Mais pour qu'elle puisse quand même admirer le paysage, le Roi avait fait ériger une tour très haute qu'elle escaladait souvent pour regarder au dehors.

Cette tour était si haute que les gens qu'elle apercevait au sol avaient la taille de fourmis.

Mais ne crois pas qu'elle n'avait rien à faire. Oh non ! Le Roi lui achetait tout ce qu'il croyait bon et amusant pour elle. Il convoquait des cirques d'animaux bizarres et lui offrait tout ce qu'il y avait de nouveau en jeux.

Des professeurs lui enseignaient toutes sortes d'instruments de musique : elle maîtrisait le piano, le trombone, le violon, la clarinette, la harpe et la trompette. Un funambule lui avait appris à marcher sur une corde et un clown comment mettre un nez rouge.

Elle était aussi très savante. À sept ans, elle parlait cinq langues à la perfection, savait disséquer une grenouille et calculer plus vite que n'importe qui au château.

Par ordre du Roi, elle n'avait pas le droit de s'ennuyer. Ses journées étaient donc bien remplies.

Ce qu'elle ne savait pas en revanche, c'était le grand secret de sa naissance. Car le Roi, qui était un vrai tyran, était également un terrible menteur. Le plus grand menteur de tous les temps. En réalité, Judith n'était pas la fille du Roi. Et tellement grande était la terreur de ses serviteurs, qu'aucun n'avait jamais dit la vérité à la princesse.

Sur ordre du Roi, un garde avait autrefois volé une enfant dans un village.

Le Roi l'avait nommée Judith et avait fait claironner par tout le pays qu'il avait une fille et qu'elle épouserait un jour le Prince du grand royaume voisin.

De Reine, n'en parlons pas, il n'y en eut jamais.

Un jour, le Roi demanda :

Judith, arrête de m'appeler Altesse ! Appelle-moi Papa !
J'essayerai, Altesse.
Bon. Demain, tu auras un enfant pour jouer.
C'est dit !

En même temps, dans tout le pays, et bien que personne n'eût jamais vu la princesse, tout le monde l'appelait…

Judith-la-Triste.

2.

Ici, vous apprendrez
comment on vit au
Pays des Sept Collines
et comment les habitants
y sont malheureux,
très malheureux.

Le Pays des Sept Collines possédait tout ce qu'on pouvait souhaiter pour vivre heureux.

Il y avait là de belles forêts, d'immenses champs pour les récoltes, des rivières ondulantes pour l'eau et les poissons, des prairies pour y jouer et cueillir des fleurs. Et bien sûr, de magnifiques paysages pour rêver.

L'air y était excellent, car le pays était situé à égale distance de la mer et des montagnes. D'ouragans ou de tempêtes, il n'était jamais question : de la pluie de temps en temps, mais juste ce qu'il fallait pour abreuver la terre et les animaux.

C'était un endroit parfait.

Malheureusement, il y avait ce Roi tout-puissant qui dominait tout et tout le monde. Il dictait de mauvaises lois et obligeait les gens à travailler du lever du soleil au lever de la lune.

Ce Roi exigeait des impôts énormes pour remplir ses coffres. Avec cet argent pris aux pauvres gens, il agrandissait sans cesse son château, construisant des tours toujours plus hautes pour montrer sa puissance.

Il payait également des gardes féroces qui terrorisaient la population. Quiconque voulait se rebeller était emprisonné, et cela durait depuis si longtemps que les habitants, fatigués par tant de tyrannie, avaient perdu la force de se révolter.

Tu l'auras compris, jamais le Roi ne se demandait si les habitants de son pays étaient heureux, ni s'ils vivaient bien.

Jamais il ne pensait aux autres.

À tous ces malheurs, si grands déjà, vint s'en ajouter un autre, pire que tous. En plein été, le lendemain du neuvième anniversaire de Judith-la-Triste, une première fillette disparut. Puis d'autres, et d'autres encore les jours suivants.

Au Pays des Sept Collines, on entendait les parents dire :

Ma fille, méfie-toi des gardes du Roi.
Ma fille, ne sors pas seule !

Malgré tous ces avertissements, plusieurs enlèvements par semaine avaient lieu. Cela dura des mois. Personne ne trouvait de coupable et le Roi versait des larmes de crocodile en promettant de faire tout ce qui était en son pouvoir pour attraper le coupable.

Dans tout le pays courait le bruit que c'était la faute de ce mauvais souverain, celui-là même qui tenait sa propre fille emprisonnée.

Et la terreur fut d'autant plus grande qu'on ignorait comment arrêter tout cela.

3.

Où la tour Nord
du château reçoit de
nombreuses nouvelles
locataires, et où Judith
est toujours aussi triste.

Le lendemain de son neuvième anniversaire, Judith vit le Roi arriver avec un petit humain. Elle n'en avait jamais vu de cette taille et le trouva étrange.

À vrai dire, elle n'avait jamais vu quelqu'un de plus petit qu'elle-même.

— Ma fille, voici Léa. Elle te tiendra compagnie, dit le Roi. Puis il partit.

Judith s'approcha de la fillette, la regarda de près, la toucha du bout de l'index, ici et là, et palpa le tissu rêche et sale de sa chemise.

Terrorisée et perdue, l'enfant se mit à pleurer.

Mais Léa ne put répondre,
trop de larmes avaient noyé son coeur.

Finalement, à la fin de la journée, ne trouvant pas très drôles les gémissements de l'enfant, Judith voulut être seule et la renvoya.

Un garde s'empara de Léa et l'emmena hors de la vue de la princesse. Ils traversèrent les nombreuses salles du château et les cinq cours. Puis ils escaladèrent les quatre cent soixante-dix marches de la tour Nord. Tout en haut, il la fit entrer dans une pièce ronde.

—Léa, tu resteras ici tant que le Roi
le décidera, lui ordonna le garde.

Le lendemain, le Roi arriva avec une autre fillette, la donna à Judith, puis s'en alla. Elle avait onze ans, était un peu plus grande que Léa et s'appelait Pauline.

Pauline avait peur, elle aussi, mais au moins arrêta-t-elle de pleurer rapidement. Judith ne savait pas ce qu'il convenait de faire en compagnie d'un autre enfant, et Pauline, de crainte, ne bougea pas la première journée. Le deuxième jour, voyant la montagne de jouets, elle s'y précipita et ne voulut à aucun moment s'amuser avec Judith. Il y en avait plus qu'elle n'en avait jamais vus, et jouer avec la princesse était son dernier souci.

On l'envoya donc rejoindre Léa dans la tour Nord.

Ainsi, des petites filles arrivaient dans la chambre de la princesse, et en sortaient. Au début, le Roi les présentait, mais rapidement ce fut un garde qui les jetait presque aux pieds de Judith-la-Triste.

Certaines y restaient un jour, d'autres deux ou trois, mais jamais plus.

Cela dura des semaines, puis des mois.

Elles étaient nombreuses, maintenant, dans la haute tour Nord. Elles étaient presque une centaine.

Et les habitants du Pays des Sept Collines étaient plus terrorisés que jamais par tous ces enlèvements.

4.

Il est temps de faire
la connaissance
d'Anna-qui-Chante,
et de voir combien
elle est puissante.

Le cinquième jour du cinquième mois, arriva une fille aux cheveux hirsutes s'échappant d'un bonnet poilu, vêtue d'un pull, d'un pantalon et de bottes.

Différente des autres filles, elle n'était pas effrayée, tout au plus avait-elle l'air étonné.

alut !
Je m'appelle
Anna.
Où est-ce que je suis ?
Au château…
our-
quoi ?
Je ne…

— Pourquoi m'a-t-on bandé les yeux pour m'amener ici ?
— Je ne…
— Comment tu t'appelles ?
— Je m'appelle Judith…
— Quoi ? Tu es la princesse triste ?

Judith-la-Triste, qui ignorait qu'on la surnommait ainsi, fit de grands yeux ronds et ne sut que répondre. Elle ne savait rien du dehors.

— Mais alors, c'est vrai ce qu'on dit partout, c'est ton père qui vole les enfants et terrorise tout le pays !
— Mon père ? Qu'est-ce qu'il fait ?

Mais enfin Judith,
toutes ces filles, et moi,
d'où crois-tu
que nous venons ?

Anna plongea alors son regard franc dans celui de la princesse. Puis elle se mit à chanter d'une voix si puissante que Judith-la-Triste tomba à la renverse dans un fauteuil.

— Cela fait des mois que cela dure, que tout le pays a peur, tonna Anna.

— Je n'ai pas le droit de sortir du château. Et personne ne me raconte ce qui se passe au-delà des murs.

— Ignores-tu donc également la vérité sur ta naissance ?

— Que veux-tu dire ?

— Que le Roi t'as volée quand tu étais encore un bébé !

Voyant Judith complètement stupéfaite, Anna s'avança et se pencha au-dessus du fauteuil. Elle prit les deux mains de la princesse triste et les serra fort dans les siennes. Judith se leva du fauteuil, bouleversée, regarda Anna dans les yeux et y plongea toute sa détresse.

Puis elle entendit :

On dit qu'il y a un Roi
Orageux et tourbillon
Qui décide de toutes les lois
Et brûle les ailes des papillons.
Ses chevaux vont par centaines
Semant peur et désespoir

Que sais-tu de toutes ces peines,
Judith,
dans ta tour d'ivoire ?

La voix, pure comme un éclat de diamant et solide comme un roc, emplit petit à petit la grande chambre de la princesse, puis glissa de pièce en pièce, s'insinua dans le plus petit recoin et prit possession de toute l'immensité du château.

Dans la salle du trône, le chant s'empara du Roi, le figea instantanément et le cloua sur son siège, l'obligeant à écouter les paroles du chant d'Anna.

Puis il y eut un grand silence. Judith regarda Anna, grande et fière devant elle.

Et soudain, tels des coups de marteau sur une pierre qu'on fend, les bruits de bottes résonnèrent sur les marches de l'escalier royal. Le tonnerre se rapprocha. La porte s'ouvrit à la volée, laissant apparaître le Roi fulminant.

— Gardes, hurla-t-il, conduisez cette fille où vous savez !
— Non ! hurla Judith-la-Triste, laissez-la moi. Je vous le promets, elle ne dira plus rien.
— Soit ! fit le Roi.

Il fut étonné par cette requête car Judith ne lui avait jamais rien demandé, et il se rendit compte qu'il ne savait rien lui refuser. Puis il quitta la pièce en claquant la porte.

Le Roi était à peine assis sur son trône qu'on entendit dans tout le château, et jusque dans les villages alentour, un chant plus puissant encore. Il sentit un froid le figer et fut incapable du moindre mouvement. La complainte portée par la voix d'Anna surgissait du haut et du bas, et de l'intérieur de toute chose.

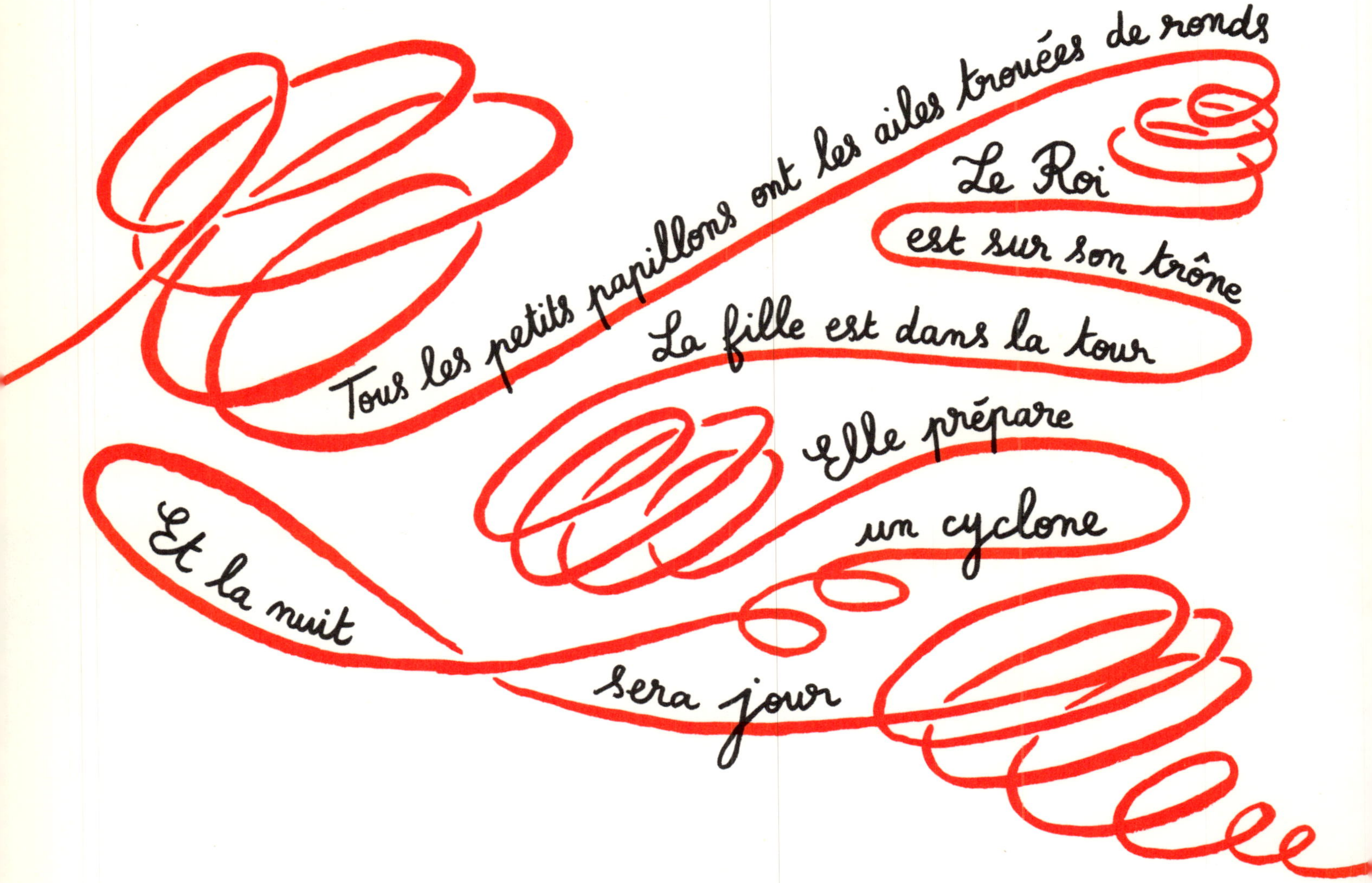

Lorsque le chant cessa, le Roi entra dans une grande fureur pour la deuxième fois. À nouveau, Judith lui demanda :

— N'emmène pas Anna-qui-Chante loin de moi, j'ai trouvé une amie.

Alors, de rage, le Roi déchira une bande de tissu de son manteau royal, en fit deux fois le tour de la tête d'Anna…

... et la bâillonna.

— Toi, lui dit-il, tu peux rester ici, mais tu ne chanteras plus.
— Altesse, pourquoi… tenta de dire Judith.
— Appelle-moi Papa, Judith, rugit-il.
— Mais…
— Quoi ? Tu as dit « mais » ! Le premier « mais » de ta vie ! Tu oses t'adresser ainsi à ton père ? hurla-t-il, hors de lui. Voilà l'exemple qu'elle te donne, cette…

Vous m'avez toujours MENTI !
(cria-t-elle.)
je te dis d'arrêter...
ET JE N'ÉPOUSERAI JAMAIS LE PRINCE QUE VOUS AVEZ CHOISI POUR MOI !

Et cherchant de la force dans la force d'Anna en regardant celle-ci dans les yeux, elle ajouta calmement, d'une voix claire :

Mais

Jamais !

5.

Où l'on voit
qu'ensemble,
on soulève des
murs de pierre.

Alors, du plus loin des pierres, coulant dans les murs, descendant de la tour Nord du château où étaient enfermées toutes les jeunes filles, on entendit un murmure.

De bâillonner une voix, cent autres s'étaient réveillées. Le murmure devint torrent et ce fut là le plus beau chant jamais entendu dans tout le Pays des Sept Collines.

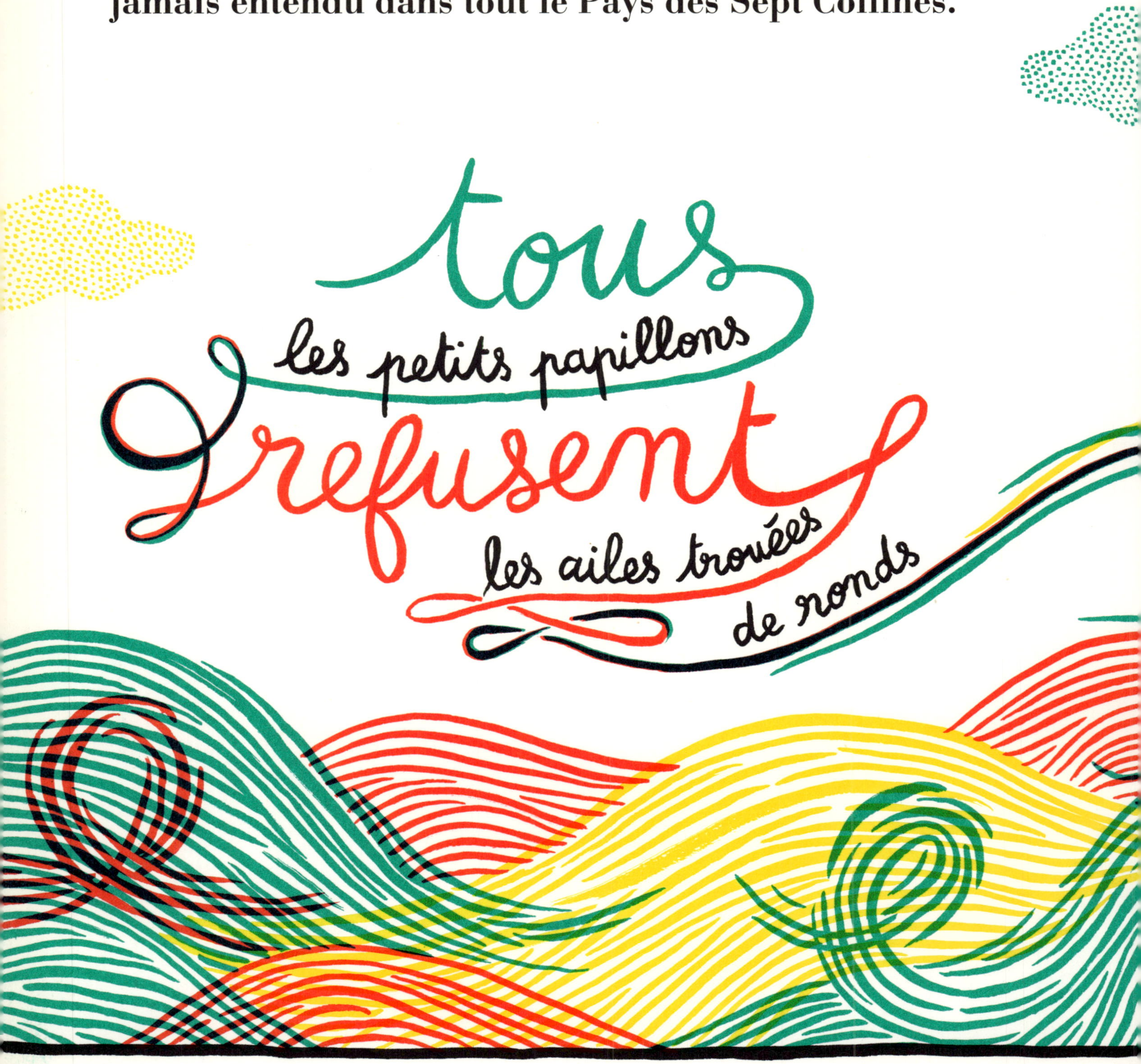

Chacun, jusqu'au coin le plus reculé du royaume, entendit le sac et le ressac de la vague.

Sur son trône, le Roi voulut se boucher les oreilles, mais le chant était plus fort que lui : il l'immobilisa et le changea en statue de pierre.

Les paroles se cognaient aux murs de la chambre royale, puis contre la statue, et finalement la fit éclater en morceaux. Au milieu des débris se trouvait un petit bonhomme de rien du tout.

Ce ridicule petit bonhomme, qui avait été un roi, avait perdu tout pouvoir et ne faisait plus peur à personne.

D'abord il fut surpris par son corps minuscule. Passé l'étonnement, de rage, il trépigna, s'agita, et se roula par terre. Puis il voulut se saisir de son sceptre. Mais celui-ci était aussi devenu de pierre et bien trop lourd pour lui. Il chercha autour de lui un bâton, un brin de paille, enfin quelque chose qui pourrait remplacer le sceptre, mais il ne trouva rien. Rien du tout.

Alors, il pointa un index en l'air.

Et juste lorsqu'il cria : « il faut que tout cela s'arrête ! », un papillon vint délicatement se poser sans crainte sur son petit doigt tendu.

D'un geste décidé, Judith arracha le bâillon d'Anna, lui prit la main et la conduisit dans la grande cour vide du château. Elles écoutèrent, émerveillées, le chant inonder le royaume.

Anna joignit sa voix au chœur des filles, et enfin Judith ouvrit la bouche. Il en sortit d'abord un petit son timide, puis plus assuré, puis plus fort.

Enfin, à pleins poumons, elle glissa ses mots dans les mots des autres, et chanta dans le vent qui enveloppa tout le pays.

Alors la porte de la tour Nord s'ouvrit. Judith fut étonnée de toutes les reconnaître : Léa, Pauline, Aïcha, Valentine, Domenica, Ulrike, Caroline, Soledad, Bérénice, Esperanza. Il en arriva de plus en plus, et d'autres encore.

Les gardes et les serviteurs, eux aussi enfin libérés, avançaient et chantaient avec les filles. Certaines sortaient déjà par le grand portail du château pour s'avancer vers les plaines, les forêts, les champs, les villages et les villes, dans tout le royaume et dans tous les pays.

De Roi, n'en parlons plus, on ne s'en occupa plus jamais.

Épilogue

Si on passe par le château, et qu'on voit les débris qui furent le Roi de pierre, alors tout va bien, c'est que la voix des filles n'est pas éteinte.

Judith n'a plus peur de parler, ni de réfléchir, ni de dire non. Judith n'est plus triste, elle avance.

Maintenant, dans tout le pays, on l'appelle Judith-qui-s'est-levée.

Papillons tous envolés
Écoutez leur chant de paix
Ils et elles unis
Se sont tous levés
Ont tous chanté
Que plus jamais de petits trous
N'abîment les ailes des papillons

Que plus jamais de petits trous
N'abîment les ailes des papillons !